Les Secrets que ta Mère ne t'a jamais dits sur les Hommes™

"Le manuel du sexe extraordinaire"

Cv Pillay

SuccSex Guru™ de Célébrités
Auteur de bestsellers couronné par
" The What Women Want to Know Authority"
Conférencier International en motivation
Finaliste du concours de l'Entrepreneur
de l'Année 2015
Scénariste

Les Secrets que ta Mère ne t'a jamais dits sur les Hommes™

Titre original:
The Secrets Your Mama
Didn't Tell You
About Men™
"The MANual To Amazing SEX"
Cv Pillay

Tous droits réservés.
Cv Pillay est reconnu comme auteur de cette œuvre conformément à la loi sur le droit d'auteur, les dessins et modèles et les brevets de 1988.

Tous droits réservés. Aucune partie de ce livre ne peut être utilisée ou reproduite sous aucune forme, ni par aucun moyen sans l'autorisation écrite (à l'exception de courtes citations dans des articles, critiques ou revues). Toute violation du droit d'auteur, est passible de poursuites pénales ou civiles au titre des dommages-intérêts.

ISBN 978-0-9929282-4-7

French Edition 2016
Première édition

Imprimé au Royaume-Uni

Ce livre est disponible à la vente en ligne et dans toutes les librairies de qualité. Il fait également partie de mes programmes de développement personnel.

Couverture : Dagmara Rosiak (www.digirigi.com)
Traduit de l'anglais : Katarzyna Zossel (www.PantherBusiness.co.uk)

Copyright © by Cv Pillay, 2016

" Le manuel du sexe extraordinaire "

Les Secrets que ta Mère ne t'a jamais dits sur les Hommes™

Avant-propos

Vous vous demandez peut-être pourquoi vous devriez acheter ce livre en particulier, parmi tant d'autres traitant du même sujet.

Avec un titre tel que « Les Secrets que ta Mère ne t'a jamais dits sur les Hommes », il donne enfin des réponses à presque toutes les questions que se posent la plupart des femmes.

Ce livre propose des solutions faciles à essayer soi-même. Il existe beaucoup de livres qui parlent de sexe, mais celui-ci est exceptionnel car il propose un exercice pratique à la fin de chaque chapitre.

Cv Pillay a écrit un livre de développement personnel qui pimentera votre vie d'une façon inimaginable. Vous allez l'adorer, sans aucun doute.

Ce livre n'est pas seulement « comment trouver l'homme de sa vie », mais aussi « comment l'inciter à rester ».

Raymond Aaron

Auteur couronné par le New York Times
Double Your Income Doing What You Love

Les Secrets que ta Mère ne t'a jamais dits sur les Hommes™

Dégagement de responsabilité
– A lire attentivement

Même si les pratiques, disciplines et jeux proposés ainsi que la compréhension du contenu puissent se révéler utiles, il est entendu que l'auteur comme l'éditeur dégagent toute responsabilité concernant les conseils de nature médicale, psychologique, émotionnelle, sexuelle ou spirituelle, présentés ici. Ce livre ne prétend pas non plus présenter de diagnostic, ni proposer un remède ou cure pour un quelconque problème médical, psychologique, sexuel ou spirituel spécifique. Toute personne est unique et ce livre ne peut pas prendre en considération des besoins personnels. Quiconque souhaite entreprendre une thérapie individuelle, ou un autre type de soins de santé préventifs ou curatifs doit le faire uniquement sous la supervision d'un thérapeute agréé et qualifié voire auprès de tout autre professionnel de santé. Toute personne atteinte d'une maladie sexuellement transmissible, présentant des lésions génitales ou souffrant de problèmes de prostate, doit consulter un médecin spécialiste avant d'essayer toute pratique des jeux sexuels décrits dans ce livre.

Power Quote
Il vous est impossible de changer votre passé, mais...
Vous pouvez changer votre avenir.

Les Secrets que ta Mère ne t'a jamais dits sur les Hommes™

Sur l'auteur

Je suis SuccSex Guru™ de célébrités. Mon expertise vous aidera à réveiller votre énergie sexuelle et l'utiliser pour visualiser et atteindre les plus grands de vos rêves. Cela vous permettra de vivre la vie que vous désirez. J'emmènerai votre esprit en voyage et je ferai tomber les tabous. Je libérerai votre capacité à devenir qui vous voulez être vraiment.

Votre énergie sexuelle, masculine et féminine prendra de nouvelles dimensions. Vous apprendrez comment débloquer votre véritable énergie sexuelle, l'essence de votre personnalité. Je vous montrerai comment vous transformer pour que l'homme de votre cœur soit enchanté par la *sexbombe* qui est en vous.

Power Quote
Nos chemins ne se sont pas croisés en vain.

" Le manuel du sexe extraordinaire"

Les Secrets que ta Mère ne t'a jamais dits sur les Hommes™

Si vous voulez vous tenir au courant de mon travail, voici mes coordonnés :

Twitter : Cvc4v #TheSexciseBook

Skype : C4v.ltd

Instagram : CvPillay #TheSexciseBook

Facebook : cv.co.uk ou bien : tsymdtyam

Google : +CvPillay #TheSexciseBook

La meilleure formule pour décrire ce livre est la suivante : John Gray + 50 Nuances de Grey = Les secrets que ta mère ne t'a jamais dits sur les hommes

Dans mon SuccSex coaching j'utilise le sexe comme métaphore. Ma méthode peut vous aider à obtenir des résultats probants sur :

♦ Productivité optimale

♦ Maximisation de votre potentiel

♦ Fixation des objectifs / Passage à l'action

♦ Clarté de pensée

" Le manuel du sexe extraordinaire "

Les Secrets que ta Mère ne t'a jamais dits sur les Hommes™

- Vaincre la procrastination
- Equilibre dans la vie professionnelle/vie personnelle
- Carrière professionnelle / Finances
- Rencontres / Relations amoureuses
- Confiance en soi / Croyances sexuelles
- Motivation / Niveau d'énergie
- Développement personnel
- Centres d'intérêt / Passions
- Réduction de stress
- Santé / Bien-être
- Prise / Perte de poids
- Addictions / Mauvaises habitudes
- Gestion de temps
- Vie sociale / Vie sexuelle
- Start-up
- Leadership
- Techniques de communication
- Langage du corps
- Prise de parole en public

" Le manuel du sexe extraordinaire "

Remerciements
A ma Mère

Merci pour tout l'amour et les conseils que tu m'as donnés, pour tes encouragements sans faille à toujours suivre mes rêves et n'y jamais renoncer.
Je t'aime.

A mes Mentors et Coaches
(depuis 1999)

Anthony "Tony" Robbins,
Richard Bandler,
Raymond Aaron, T. Harv Eker,
Blair Singer, John Gray,
Wayne Dyer, Oprah Winfrey,
Deepak Chopra, Paulo Coelho
Milton Erickson, Napoleon Hill,
Dale Carnegie,
Mahatma Gandhi et Nelson Mandela.

Chacun de vous m'avez inspiré et guidé aux moments-clés de ma vie, et je vous suis reconnaissant pour tout ce que j'ai appris auprès de vous.

Comment comprendre ce livre

Je vous déconseille de lire ce livre comme un roman. Il s'agit plutôt d'un manuel pour apprendre un ensemble de concepts qui doivent améliorer votre vie de couple sur le plan sexuel. Il devrait être donc lu et, comme tous les manuels, relu à plusieurs reprises.

La complexité du monde d'aujourd'hui oblige à décortiquer les informations et définir les priorités.

Le format du livre est facile à lire, ce qui permet au lecteur d'en bénéficier rapidement.

Bien évidemment, il existe différents types de lecteurs. Certains aiment lire par bribes et brefs allers et retours. Il y a ceux qui ont besoin de prendre leur temps pour lire et ceux qui vont dévorer leur livre d'une seule traite. Enfin, certains apprécient les lectures nocturnes et pouvoir revoir des morceaux choisis pour se recentrer et se revitaliser. Ces derniers vont particulièrement adorer mes «Power Quotes» disséminées tout au long du texte. Il n'y a pas de mauvaise façon de lire ce livre. Je suis absolument convaincu que ces idées et réflexions peuvent aider à améliorer votre vie sexuelle à moins de ne pas aller jusqu'au bout !

PS. Quand vous voyez ces mots : « Prenez des Notes » Prenez-les… cela va débloquer votre esprit !!
Vous vous apercevrez que vous changez votre façon de penser. Et s'il s'agit d'une version Kindle, préparez un stylo et une feuille de papier pour prendre des notes. Il faut lire ce livre en gardant un esprit ouvert. J'ai écrit mon livre pour que vous le lisiez et fassiez les « sexercises » qui vous apporteront ce que vous désirez :
« Le Sexe Extraordinaire. »

Power Quote

Ne pas finir ce que l'on a commencé
C'est comme ouvrir un préservatif et ne pas le mettre.

TABLE DE MATIÈRES

Principes fondamentaux sur ce livre……………..….12

QCM sur soi………………………...……………..15

Bienfaits du sexe……………………………………..18

Erreurs que vous êtes susceptible de commettre avec votre homme...20

QCM sur votre homme…………………...…………….36

Les jeux auxquels votre homme aimerait jouer…..………39

Jeux d'enfants à redécouvrir avec votre homme...…….…55

Soyez unique, soyez créative…………………………..61

Langage du corps, dites-nous ce que vous voulez……….65

Techniques de fellation………………………….……..69

Aimeriez-vous essayer le bondage?......................................77

Aphrodisiaques………………………...…………….81

Comprendre ses fantasmes………………………………88

Jouer ou ne pas jouer à un jeu de rôles? Telle est la question…………………………….......101

Questions / Réponses!..109

Les rideaux se ferment……………………………….116

Power Quotes………………………………...………117

Les Secrets que ta Mère ne t'a jamais dits sur les Hommes™

PRINCIPES FONDAMENTAUX SUR CE LIVRE

Saviez-vous que…90% des livres sur les relations hommes-femmes sont écrits par des femmes cherchant à comprendre le sexe et les hommes ? Si vous voulez saisir la mentalité masculine, ne le cherchez pas auprès des femmes, demandez-moi, un homme. Grâce à ce livre vous allez découvrir :

"Comment aimer votre Homme encore et encore" et "Comment comprendre son corps et son esprit". Qu'est-ce qui donne l'essence « d'une superbe vie sexuelle » ?

C'est VOUS !

Vous en avez appris un peu auprès de votre entourage. A un moment donné, vous en avez entendu parler, l'avez vu, senti et vécu, et même goûté (vous savez bien ce dont je parle). C'est pourquoi, je me permets de dire « Ce livre ne vous apportera pas uniquement du sang neuf ». Certains parmi les jeux que j'ai inventés, le feront !!… et vous allez les adorer !! Le principe général du livre dit qu'à la naissance vous avez reçu le plus précieux des cadeaux, la vie. Vous avez été équipée d'un corps, d'un esprit et de l'ensemble de ressources et limitations pour vivre avec. Cela ne dépend que de vous, de ce dont vous ferez le meilleur usage car l'objectif de la vie est de s'épanouir et d'accomplir sa nature avec tout son potentiel.

Probablement vous vous posez maintenant la question : "quel est le rapport avec le livre ?" Une phrase, une idée voire une erreur que vous êtes susceptible de commettre vis-à-vis de votre homme peut être un indice. Le sexe est un aspect important sinon vital :

"si vos parents n'avaient pas fait l'amour ce jour-là" (vous savez ce que je veux dire), aujourd'hui vous n'auriez pas lu ce livre n'est-ce pas ? J'insiste sur le fait que c'est bien le cas pour tout le monde. Et maintenant vous êtes en train de penser à vos parents qui font l'amour ! Bon, vous pouvez…

MAIS ARRETEZ !!

Le sexe est à la fois une grande source de plaisir, de joie et d'amusement. Nos expériences personnelles sont une sorte de programme d'études pour apprendre sur nous-mêmes et développer nos dons naturels et nos talents. Si la vie est une école, la matière "Sexe et relations intimes" n'est pas réservée qu'au niveau avancé.

Ce livre vous rendra heureuse la plupart du temps. C'est votre opportunité de vous découvrir et développer des outils pour gérer votre relation d'une façon créative. Si après l'avoir lu et fait les sexercises des cinq premières parties, vous manquez toujours d'outils pour améliorer vos rapports sexuels, le livre dans votre cas sera un échec.

Herbert Spencer disait : " L'objectif principal de l'éducation n'est pas le savoir mais l'action" et ce livre demande la vôtre.

Power Quote

Une victoire sans action, ne donne pas de fruit.

QCM SUR SOI

Choisissez les réponses aux questions par la première pensée qui vous vient à l'esprit. Ce simple questionnaire permettra de mieux vous connaître. Vous aurez besoin d'un papier et un stylo pour noter vos réponses :

1. Comment les hommes vous perçoivent-ils au lit ?
   a) Je suis irrésistible
   b) J'espère être plutôt bien
   c) Jamais eu de plainte jusqu'ici
   d) Est-ce important ?

2. Est-ce que vous veillez à ce que votre homme atteigne l'orgasme ?
   a) Mon homme jouit à chaque fois
   b) Beaucoup
   c) Ceci n'est pas important
   d) Pourquoi? Est-ce que tout le monde doit en avoir un?

3. J'aime faire l'amour :
   a) Sur le corps de mon homme

b) Sur un matelas

c) Sur une pelouse douce et verte

d) N'importe où pourvu que l'on s'amuse bien

4. D'après vous, quel est l'élément-clé pour un maximum de plaisir au lit ?

a) Une bonne endurance

b) De l'Imagination

c) Un corps parfait

d) De l'Intelligence

5. Plutôt que terminer ce quizz, avez-vous envie de faire l'amour à l'instant même ?

a) Oui

b) Est-ce une question-piège ?

c) Non, d'abord je dois voir mon résultat

d) Seulement si tu promets que ça vaut la peine

Power Quote

Votre vie sexuelle dépend de vos propres choix
Et de ce que vous appréciez le plus.

Résultats

(1) a = 2,   b = 4,   c = 3,   d = 1
(2) a = 3,   b = 4,   c = 2,   d = 1
(3) a = 3,   b = 4,   c = 2,   d = 1
(4) a = 2,   b = 4,   c = 1,   d = 3
(5) a = 4,   b = 3,   c = 2,   d = 1

16–20. Si vous avez obtenu un tel résultat, vous êtes une véritable bombe sexuelle ! Vous passez beaucoup de temps à faire l'amour et à y penser. Vous répondez à 100% aux besoins de votre partenaire.

11–15. Peut mieux faire mais au moins vous essayez. N'oubliez pas que tout est donnant-donnant : il faut donner autant de soi-même que l'on veut recevoir des autres.

6–10. Faites-vous plaisir avec votre homme, relisez ce livre plusieurs fois jusqu'à ce que vous compreniez de quoi il retourne.

0–5. Célibat : trouvez la définition dans le dictionnaire et appliquez-la jusqu'à la fin de votre vie.

BIENFAITS DU SEXE

1. Le sexe est une thérapie de couple très positive. En mettant en pratique les techniques de compréhension et de communication décrites dans ce livre, vous pourrez faire progresser largement votre relation.

2. Il est garant de votre santé émotionnelle. Le bonheur et le contentement de la vie sont un des résultats des rapports sexuels extraordinaires.

3. Votre Homme appréciera d'autant plus votre bonheur dans votre couple.

4. Vous allez pouvoir vous retrouver pour des rapports sexuels extraordinaires, satisfaisants tant par la durée que par la disponibilité, vous allez apprendre comment valoriser le temps passé ensemble et chérir votre plaisir à chaque seconde.

5. Vous pourrez partager ces idées et votre savoir avec vos amies et leur donner des conseils afin d'améliorer aussi leurs relations.

6. Il est garant de votre équilibre mental. D'excellents

rapports sexuels contribuent à l'amélioration de votre développement personnel, renforcent la connexion avec votre partenaire et vous donnent un sentiment de sérénité dans la vie.

7. Vous vous sentirez irrésistible en sachant que vous êtes une excellente partenaire sexuelle.

8. Vous aurez une meilleure compréhension de votre Homme.

9. Vous aurez beaucoup plus à partager à deux.

Prenez des notes.

Complétez cette liste avec vos propres bienfaits de rapports sexuels réussis.

_____

_____

_____

Power Quote

Une relation sans sexe est comme une voiture sans roues. Personne ne va avancer.

ERREURS QUE VOUS ETES SUSCEPTIBLE DE COMMETTRE AVEC VOTRE HOMME

Quand vous vous conduisez comme sa mère et le traitez comme un enfant

Tout d'abord, réfléchissez. Vous arrive-t-il de voir votre homme comme un petit garçon lorsqu'il est malade ? De l'avoir grondé parce qu'il ne répondait pas à vos appels téléphoniques ? De lui rappeler les choses dont il devrait se souvenir lui-même ? Tout cela réduit votre homme à un enfant et il risque de vous voir comme sa mère. Le pire, c'est de vouloir prendre en charge à sa place des activités que vous estimez qu'il ne ferait pas convenablement. Quelles en sont les conséquences ? Votre Homme va vous prendre pour sa mère et se comporter comme un enfant. En fait, c'est un sujet assez drôle.

Avez-vous déjà prononcé ce genre de phrases :

« Je t'ai appelé toute la journée, mais en vain. Tu étais où ? »

« Mais tu vas où comme ça sans ta veste ? Comme si tu ne savais pas qu'il fait froid ? »

« Appelle-moi quand tu seras arrivé au magasin pour que je te dise ce qu'il faut acheter. »

Pendant qu'il est en train de peindre un mur, vous lui dîtes : « ce n'est pas comme cela qu'on peint, je vais le faire. »

On peut citer bien d'autres exemples de tels comportements maternels, et pour couronner le tout :

« Sois un homme ! »

S'il vous arrive de dire cela ou de le penser, alors vous vous comportez effectivement comme sa mère.

Est-ce bien votre cas ?

Prenez des notes

_____

_____

_____

_____

> **Power Quote**
> *Ne regardez jamais votre Homme de haut*
> *A moins qu'il se trouve entre vos jambes.*

Tomber amoureuse de la vision potentielle de votre avenir

Quand Adam a rencontré Eve pour la première fois, il l'a trouvée la plus belle des femmes qu'il n'avait jamais vues. En revanche, de son côté, ce qu'Eve a vu en lui était simplement magnifique : elle a vu son partenaire pour la vie, une maison sur la Côte d'Azur, un chien et deux enfants. Je ne dis pas que c'est votre cas, mais réfléchissez : cela vous dit quelque chose ?

> **Power Quote**
> *Si la vie était une course :*
> *Si tu me dis comment conduire la mienne,*
> *Je pourrais un jour quitter la tienne.*

Voici quelques phrases significatives pour illustrer la

situation :

Vous vous dîtes ceci tous les mois :

« Il a besoin de temps pour se stabiliser. »

« Il va changer pour moi si je lui prouve combien je l'aime ! »

« Personne ne le connaît aussi bien que moi. »

Comme je l'ai déjà mentionné et ainsi que vous le verrez tout au long de ce livre, nous avons tous nos propres schémas.

Sortir de ces schémas risque d'être très difficile. Est-ce bien ce que vous pensez : cette tâche est quasiment impossible ?

Si tel est le cas, cette pensée devient votre réalité immédiatement.

Je sais ce que vous voulez car je peux lire dans vos pensées.

Je sais également qu'en lisant cela vous êtes en train de sourire. Je suis sûr que vous êtes en train de vous demander : « comment y arriver ? » ou bien « comment remédier à la situation ou y trouver la solution ? »

Vous connaissez déjà la réponse, puisque c'est vous qui avez créé le problème au début. Voici "la pensée tordue": si vous voulez vivre un conte de fée, vous devez en partager les détails avec votre partenaire. Si cette vision fait peur à votre Homme ; il faudra se poser la / les question/s suivante/s :

« Est-il l'homme de ma vie ? » ou bien

« Suis-je une femme pour lui ? »

Prenez des notes

_____

_____

_____

_____

<u>Vous préoccuper de votre look</u>

S'il vous arrive d'être complexée par votre corps, pendant que vous faîtes l'amour, vos chances d'atteindre un, deux voire plus d'orgasmes diminuent drastiquement. Plutôt que d'être obsédée par vos poignets d'amour ou par la taille de vos seins, concentrez-vous sur le plaisir de l'acte sexuel. Vous devez vous donner la permission de jouir. S'agissant du sexe, votre Homme veut que vous soyez vous-même. Si vous vous inquiétez de votre apparence physique, il vous sera impossible de prendre du plaisir et de lâcher-prise. La plupart du temps, votre Homme ne fera même pas attention à la moitié des choses qui vous obsèdent.

Cela paraît affreux mais c'est la stricte vérité !

La meilleure des façons pour attirer votre homme est d'être en bonne santé et rayonner de jeunesse et de fécondité. C'est pourquoi, restez enthousiaste et concentrez-vous sur votre énergie sexuelle. Il vaut mieux penser à l'union avec votre Homme qu'aux courbes de vos hanches et votre taille.

Power Quote

Laisser à une autre femme une opportunité de coucher avec votre Homme, c'est la plus grande de vos erreurs.

Est-ce bien votre cas ? Qu'est-ce qui est venu à votre esprit ?

Prenez des notes

_____

_____

_____

_____

<u>Etre passive</u>

Sur le plan sexuel, une conduite de femme bien élevée est une préoccupation pour la plupart de mes amies et la majorité de mes clientes. Je leur dis : « Bien évidemment, nous les hommes (moi compris), avons notre bonne part en matière d'erreurs au lit. » Mais selon des experts en relations amoureuses, les femmes sont également responsables de bien des gaffes.

Comme quoi, il faut être deux pour danser. Je comprends que vous ne vouliez pas passer pour une putain ou paraître un peu trop aguichante si votre attitude est très insistante.

> ## *Power Quote*
> *Le fait de nier d'avoir commis des erreurs,*
> *Est déjà la première d'entre elles.*

Toutefois, vous allez remarquer au cours de votre lecture, que la plupart des hommes fantasment sur les femmes qui prennent le contrôle au lit. De temps en temps, essayez de faire le premier pas et manifestez votre intérêt - cela ne passera certainement pas inaperçu. Par ailleurs, vous pourriez prendre goût à devenir responsable de vos propres expériences sexuelles. Je suis fortement convaincu que les femmes devraient le pratiquer. Et vous, qu'en pensez-vous ?

Prenez des notes

_____

_____

_____

_____

Conviction que votre Homme a envie de sexe à tout moment

ARRETEZ ! Ceci n'est pas le cas à moins de fréquenter un adolescent. Vous pourriez dire : Mais oui bien-sûr ! et il est vrai que la plupart des adolescents sont toujours prêts pour faire l'amour. Lorsqu'il s'agit de votre homme, sa libido peut être diminuée, ce qui est très souvent causé par le stress de la vie quotidienne : famille, travail, factures, argent. C'est très surprenant pour la plupart de mes clientes car, d'habitude, le manque de libido chez l'homme est pris personnellement.

Une de mes clientes s'est confiée: si ce n'est pas avec moi, c'est que certainement il le fait avec une autre ? Elle ne pouvait pas croire que, simplement, son homme n'avait pas envie de sexe. Vous savez bien que parfois, vous non plus, vous n'êtes pas d'humeur malgré tout l'amour que vous éprouvez pour lui. Il suffit par contre que votre homme ne veuille pas faire l'amour pour vous dire : « Il ne m'aime plus. »

Ce n'est pas vrai, juste il n'en avait pas envie.

Est-ce votre cas ?

Prenez des notes.

_____

_____

_____

_____

> ### *Power Quote*
>
> *Changez votre façon de penser…*
> *Cela va changer votre énergie sexuelle.*

S'il suggère des nouveautés au lit, cela vous fâche

D'après mon expérience personnelle avec les femmes, force est de constater que c'est exact à 100%. Il paraît naturel pour un homme de vouloir épicer sa vie sexuelle et d'y introduire un peu de variété après quelques années dans une relation durable. Cela a été aussi le cas pour mon ex-femme et moi. Toutefois, le fait que votre Homme veuille essayer quelque chose de nouveau, ne veut pas dire qu'il est malheureux avec vous ou dans sa vie sexuelle. En bref :

Cela ne vient pas de vous.

Afin de vous épanouir et développer votre énergie sexuelle, il est important de sortir de votre zone de confort. Mais personne ne vous force à faire quoi que ce soit sexuellement si vous ne le voulez pas.

Power Quote

Le plus grand des chefs d'œuvre de la Nature et de l'Univers est le sexe.

Quand votre Homme vous propose d'essayer quelque chose qui ne vous convient pas moralement, refusez bien-sûr, cependant, expliquez-lui vos raisons clairement mais gentiment. S'il ne s'agit pas d'une question morale mais plutôt de quelque chose de personnel, de même, expliquez pourquoi vous ne voulez pas le faire. S'il s'agit seulement d'une suggestion un peu bizarre, du genre : « Chérie, je viens d'aménager la petite chambre en donjon du sexe. J'ai envie de t'attacher. »

Il est possible que vous trouviez la situation inconfortable, mais ne réagissez pas de manière exagérée. Dîtes-lui tout simplement que vous voulez y réfléchir.

Qu'êtes-vous prête à faire pour sortir de votre zone de confort ? Soyez créative !

Prenez des notes.

Citez quatre de vos qualités les plus sexy !

1._____

_____

_____

2._____

_____

_____

3._____

_____

_____

4._____

_____

_____

Power Quote

Là où il y a de l'énergie, il y a de la réussite.

Ne pas guider son Homme

Même si vous êtes en couple depuis longtemps et que vous vous sentez proches, il est possible que vous soyez mal à l'aise pour parler de sexe avec lui, de ce que vous aimez ou n'aimez pas faire. Et pourtant, c'est l'unique moyen pour vivre une sexualité épanouie. Prenez vos responsabilités concernant votre vie sexuelle. Votre plaisir ne dépend pas uniquement de votre Homme. Même les meilleurs amants du monde ne peuvent pas deviner ce que vous aimez si vous ne leur dîtes pas.

> ### *Power Quote*
> *Votre Homme veut tout faire pour vous plaire.*

Il appréciera si vous lui donnez des consignes avec tact, de manière à ne pas froisser son égo. Lors de votre conversation, quand vous évoquez quelque chose que vous n'aimez pas, intercalez cela avec quatre choses que vous aimez. Vous verrez bien la prochaine fois que vous serez

Les Secrets que ta Mère ne t'a jamais dits sur les Hommes™

au lit s'il vous a écoutée. Mais si le message est clair, il n'y a pas de raisons qu'il ne soit pas entendu !

Voulez-vous le guider ?

Prenez des notes.

_____

_____

_____

_____

Une fois, une cliente m'a posé la question suivante :
"Cv, comment trouver l'Homme idéal ?"
Voici ma réponse :
" Si vous voulez trouver l'homme idéal,
Vous devez d'abord devenir la femme idéale."

Si vous voulez de l'aide dans votre recherche de l'homme idéal ?
Vous pouvez m'appeler.

Mon numéro de portable : +(44) 778899 5678

Power Quote
Treat me right and you will see the light,
Treat me wrong and you will be gone.

Page 34
" Le manuel du sexe extraordinaire"

Introspection

1. Qu'est-ce qui a été le plus révélateur dans ce chapitre ?

_____

_____

_____

2. Quelle action veux-je entreprendre après avoir lu cette sextion ?

_____

_____

_____

3. De quoi ai-je besoin pour passer à l'action ?

_____

_____

_____

Power Quote

Un esprit fermé est la pire des prisons.

Les Secrets que ta Mère ne t'a jamais dits sur les Hommes™

QCM SUR VOTRE HOMME

Ce questionnaire peut vraiment ouvrir vos yeux. Vous pourrez prendre conscience de ce que vous ressentez et comment vous comprenez votre Homme. Préparez un cahier et un stylo pour noter vos réponses.

1. Sera-t-il toujours désirable à l'âge de 61 ans ?
    a) J'espère bien avoir la chance de le découvrir
    b) Je ne peux pas m'imaginer avec un type tout ridé
    c) On ne fait plus l'amour à cet âge-là, si ?
    d) On maintiendra le feu.

2. Est-ce que vous parlez de tout avec lui
    a) Oui, même si ça n'a pas besoin d'avoir toujours du sens
    b) Non, il y a des sujets tabous
    c) Aux moments opportuns.
    d) Toujours.

3. Est-ce qu'il vous lèche partout où il le faut ?
   a) Il se limite aux baisers
   b) La langue de mon Homme est hors de prix
   c) Quand je demande
   d) En général c'est « je te lèche si tu me lèches »

4. Est-ce qu'il essaie des nouveautés au lit ?
   a) Oui, ça pimente notre vie intime
   b) Oui, je me demande d'où viennent ses idées
   c) Nous essayons d'innover tous les deux
   d) Non, c'est toujours la même chose

5. Est-ce qu'il sera désirable après tout ce temps ?
   a) Le feu s'éteint doucement
   b) Le sentiment est plus fort, plus mature
   c) L'attraction est devenue plus cérébrale que physique
   d) Jamais le matin

6. Est-ce qu'il vous montre de l'affection en public ?
   a) Cela se fait naturellement
   b) Nous nous tenons juste par la main
   c) Notre relation ne fonctionne pas comme cela
   d) C'était comme ça au début, mais plus maintenant

Résultats

(1) a = 3,   b = 2,   c = 1,   d = 4

(2) a = 4,   b = 1,   c = 2,   d = 3

(3) a = 1,   b = 4,   c = 3,   d = 2

(4) a = 3,   b = 2,   c = 4,   d = 1

(5) a = 1,   b = 4,   c = 3,   d = 2

(6) a = 4,   b = 3,   c = 2,   d = 1

19-24 Excellent! Votre homme est le rêve de toute femme !

13-18 Le sexe va de pair avec la romance, tenez bon, la récompense est au bout.

7-12 On dirait qu'il lui manque un petit quelque chose. Mais il ne faut pas abandonner l'espoir qu'il s'améliore grâce aux bons conseils de ce livre, on ne sait jamais.

0-6 Prenez vos cliques et vos claques. Avec 7 milliards de personnes en ce bas monde, vous méritez mieux.

Les Secrets que ta Mère ne t'a jamais dits sur les Hommes™

LES JEUX AUXQUELS VOTRE HOMME AIMERAIT JOUER

> *Faites l'amour, Soyez prudents*
>
> *Les adultes qui sont sexuellement actifs doivent être responsables et prendre en main leur santé et leur bien-être, autrement dit, connaître les méthodes de rapports sexuels protégés et les utiliser. Je décline toute responsabilité concernant votre sécurité lors de la pratique des techniques décrites dans ce livre.*

Pratiquer des jeux avec votre homme ne le rendra pas seulement heureux, mais aussi lui ôtera l'envie de vous quitter. Pourquoi voudrait-il manger des hamburgers à l'extérieur s'il a des bons steaks à la maison ? Puisque l'alimentation est vitale, j'utilise cette métaphore avec mes clientes pour décrire leurs émotions et sentiments. Les femmes disent très souvent, (ce ne sont pas mes propres paroles) « les hommes sont insensibles. » Mais en fait, ce n'est pas vrai, nous ressentons la faim tout le temps…donc nous sommes sensibles ! J'ai créé quelques jeux qui pourraient changer votre façon de penser. La plupart vous sortiront de votre zone de confort.

> ***Power Quote***
>
> *Personne ne peut nous mettre en colère contre notre gré. C'est nous-mêmes qui la choisissons comme une réponse.*

<u>Le jeu de la colère</u>

Si j'avais pu utiliser ce jeu avec mon ex-femme, cela m'aurait permis de mieux exprimer mes sentiments. Il y a des gens, comme moi-même, qui ne laissent éclater leur colère qu'en tout dernier recours, c'est-à-dire « la goutte d'eau qui fait déborder le vase. » Néanmoins, si vous avez l'occasion de parler semaines après semaines, en fin de compte, quand vous n'aurez plus de raison de vous plaindre, de vous quereller ou vous mettre en colère contre lui, vous allez commencer à lui faire des compliments et à l'apprécier. « En quoi c'est amusant ? » Vous demandez-vous. A la conception du jeu, mon objectif était justement de lui donner cet aspect particulièrement divertissant.

Pour jouer, vous aurez besoin de quelques accessoires et une seule règle du jeu à suivre. Commençons d'abord par les accessoires. Un chronomètre dont la plupart des smartphones sont équipés, une pièce de monnaie et de deux dés. D'abord, lancez la pièce pour savoir qui va commencer.

Ensuite, jetez les dés pour établir combien de temps va durer votre tour, ceci serait entre deux et douze minutes.

La règle principale c'est qu'après la première semaine de ce jeu, vous n'aurez plus le droit de parler que des sept jours passés, *le reste faisant déjà partie de l'histoire.*

J'ai utilisé cette méthode avec la plupart de mes clients et à chaque fois ils ont eu d'excellents résultats. Par ailleurs, je suis en train de développer ce jeu sous forme d'une application mobile, qui sera prête probablement aux alentours de la sortie de ce livre. Pour le moment, je ne promets rien. En tout cas, le but de ce jeu est de laisser exprimer ses émotions négatives, les résultats pouvant varier d'une personne à l'autre. Si vous êtes du genre à partir au quart de tour et que vous adorez les disputes, cet exercice apaisera votre tempérament. Si au contraire, vous avez l'impression que vous n'avez pas voix au chapitre dans votre couple, ça serait une occasion parfaite pour le dire et le faire savoir à votre homme. Que cela nous plaise ou non, les hommes et les femmes se disputeront toujours. Mais en y introduisant une limite de temps pour le faire, cela peut devenir drôle, non ? Voulez-vous essayer ce jeu avec votre homme ?

Prenez des Notes.

_____

_____

_____

_____

Action ou vérité ?

Si vous n'avez jamais joué à ce jeu, vous allez avoir une surprise. En effet, que vous tombiez sur « action » ou sur « vérité », vous pouvez être sûre que vous allez découvrir des détails inédits et croustillants sur votre homme et lui aussi. Pour jouer à ce jeu, vous avez avant tout besoin d'une vive imagination et d'un appétit sexuel sain. Si vous manquez d'idées, n'évoquez pas seulement vos fantasmes, réalisez-les. Demandez une action : un striptease ou une danse du ventre qui vont toujours épicer un peu plus votre vie. Je vous conseille de mettre quelques limites.

Si vous ne voulez pas parler de vos relations précédentes, précisez-le dès le début. Le but n'est pas de provoquer de la jalousie de sa part ou la vôtre, n'est-ce pas ? Ce jeu peut être utile dans une relation amoureuse de longue date pour mettre un peu de piment dans le couple. De la même façon que vous avez des « nuits-rendez-vous galants » vous aurez des « nuits torrides. »

> **Power Quote**
>
> *Si vous voulez de la nouveauté, il faut innover.*

Je conseille de commencer par jouer à la « Nuit torride » une fois par mois pour voir si vous êtes à l'aise. Si cela vous convient, laissez-vous emporter par vos sens plus souvent. Allez-vous vous donner la permission de jouer et d'être exaltée ?

Prenez des Notes.

_____

_____

_____

_____

Trouver du temps pour le sexe

Bien-sûr, vous avez votre travail, vos études, les enfants, les parents, les amis, le chien, la maison à entretenir et les vacances … cela relève du défi de trouver du temps pour le sexe. Si vous attendez d'être au lit avec lui pour prendre des initiatives, vous risquez d'être repoussée par votre Homme. Et vous voudrez savoir pourquoi. C'est simple, il est au lit parce qu'il est fatigué. Si vous aimez vous lever tôt, pourquoi ne pas essayer d'initialiser les amours le matin. Mais il est possible que vous ayez à vous presser pour aller au travail ensuite.

Si votre Homme est plutôt du soir et vous plutôt du matin, il serait préférable de trouver un moment agréable pour vous deux, et d'en profiter pleinement. Pourquoi ne pas essayer les weekends, après le travail (oui, avant le dîner) ou bien avant l'heure de se coucher. Vous pouvez également prendre une pause déjeuner ensemble ou faire l'école buissonnière.

Power Quote
Si votre vie sexuelle est importante pour vous …
Vous trouverez un moyen, si non,
Vous trouverez une Excuse.

Je vous souhaite bonne chance dans votre recherche des moyens car on a tendance à chercher toutes sortes d'excuses pour ne pas trouver le temps. Un rapport sexuel lui-même ne dure pas très longtemps, de 10 à 16 minutes en moyenne. En revanche, les préliminaires et le temps-après peuvent être plus chronophages.

Quand vous dîtes que vous n'avez pas le temps, cela peut simplement dire que vous manquez de temps pour vous mettre en mode romantique ou vous sentir sexy.
Alors, si vous voulez faire l'amour avec votre Homme vite-fait ou prendre votre temps, voici un jeu dont vous pouvez vous servir.

Prenez deux sacs. Ecrivez les jours de la semaine sur sept feuilles de papier et mettez-les dans le premier sac. Sur quatre autres feuilles de papier, écrivez quatre plages d'une heure que vous pouvez libérer et mettez-les dans l'autre sac… *"N'oubliez pas qu'il s'agit d'être libres !"* Ensuite,

Les Secrets que ta Mère ne t'a jamais dits sur les Hommes™

piochez un papier dans chaque sac et débrouillez-vous tous les deux pour être libres le jour et à l'heure indiqués. Prenez une baby-sitter, laissez vos enfants à vos amis, ou à la limite…faîtes l'amour dans la voiture ou prenez une chambre d'hôtel si vous ne vivez pas déjà ensemble.

Prenez des Notes.

_____

_____

_____

_____

Power Quote
Personne ne peut vous rendre victorieuse que vous même.

<u>Entre vous deux</u>

En utilisant les mots ou phrases ci-dessous, définissez l'ensemble de six valeurs concernant votre sexualité. Ces mots ne vous sembleront pas forcément tous importants, mais pour l'exercice, admettez-les comme valeurs. Choisissez-en six et placez-les par ordre d'importance où 1 est le plus important et 6 est le moins. Votre homme lui-même va faire pareil et vous allez vous expliquer, l'un à l'autre, pourquoi vous les avez sélectionnés.

Les mots-clefs ou les expressions suivantes ont été testés par mes clients et ont donné des résultats extraordinaires.

Ils peuvent exprimer quelque chose de plaisant ou de déplaisant, voire les deux. Pour échanger, mettez-vous à l'aise dans un endroit confortable (en fait, la chambre à coucher peut être une option assez excitante), mais la seule condition est d'être ensemble dans la même pièce.

Cet exercice ne sera pas efficace si vous le faites au téléphone.

J'ai écrit ce livre pour vous mais il est destiné à aider aussi bien les femmes que les hommes.

Excitation	Romance	Agaçant
Risque	Dépressif	Relaxant
Embarrassant	Liberté	Tendu
Erotisme	Dégoutant	Fâché
Sauvage	Animal	Mystère
Confort	Sous pression	Sensationnel
Ennuyeux	Faim	Sensuel
Intensité	Unificateur	Compatissant
Sale	Amical	Avaler
Intime	Extatique	Généreux
Amour	Incontrôlable	Urgent
Mystique	Sextoys	Primitif
Virginité	Mémorable	Satisfaction
Stupide	Menaçant	Émotionnel
Exploitative	Maîtrise	Puissant
Douleur	Passionné	Imagination
Fatiguant	Subtile	Préservatif
Satisfaisant	Effrayant	Préliminaires
Energétique	Taille	Confiance
Luxure	Gout	Odeur
Lingerie	Beauté	Défi
Sexappeal	Flirt	Honnêteté
Marriage	Jalousie	Orgasmes Multiples

Les Secrets que ta Mère ne t'a jamais dits sur les Hommes™

A votre tour:

1._____
2._____
3._____
4._____
5._____
6._____

A son tour :

1._____
2._____
3._____
4._____
5._____
6._____

Power Quote

Partager est le nouveau sexy.

" Le manuel du sexe extraordinaire"

Les jeux Kâma-Sûtra

Le Kâma-Sûtra est la bible des positions sexuelles. Les historiens estiment que le texte écrit en Sanskrit, est paru en Inde entre 400 et 200 avant Jésus-Christ ! A l'origine, il ne s'agissait pas d'un manuel de positions sexuelles mais plutôt d'un guide complet de vie ! Néanmoins, si ce sont justement les positions qui vous intéressent, vous êtes à la bonne adresse !

Le Kâma-Sûtra contient des instructions détaillées de diverses positions sexuelles. Créé par mes aïeux, puisqu'Indien moi-même, je voudrais y rajouter quelques jeux amusants à pratiquer dans votre couple. Le Kâma-Sûtra apporte en même temps une approche du sexe faite d'attention et d'ouverture d'esprit et un catalogue de positions sexuelles, certaines très érotiques. L'exploration du Kâma-Sûtra vous permettra de découvrir un esprit de liberté et d'enjouement dans l'art de faire l'amour. Le livre a été traduit en plusieurs langues et est disponible à la vente en ligne ou en librairies.

> **Power Quote**
> *Votre attention est le plus précieux des cadeaux que vous puissiez offrir à votre vie sexuelle.*

Un exemplaire du Kâma-Sûtra sera nécessaire pour profiter des jeux suivants.

Prenez des notes.

1. Jouez aux dés-Kâma-Sûtra : vous en aurez besoin de deux. Jetez-les trois fois chacun. Le gagnant choisit une position.

_____

_____

_____

2. Créez votre propre album Kâma-Sûtra avec vos photos personnelles. Numérotez-les. Choisissez ensuite le numéro, ou bien fermez les yeux et indiquez la page pour savoir dans quelle position vous allez faire l'amour.

_____

3. Préparez un dé et six photos de vos positions de Kâma-Sûtra préférées numérotées d'un à six. Lancez le dé. Vous allez passer 4 minutes dans la position indiquée par le dé avant de le lancer à nouveau.

4. Achetez un jeu de cartes Kâma-Sûtra (disponible à la vente en ligne ou dans les sex-shop). Jouez au "Go Fish." Le gagnant décide dans quelle position vous allez faire l'amour.

Power Quote
Kâma-Sûtra c'est quand le sort s'en mêle pour une partie de jambe en l'air très créative.

Introspection

1. Qu'est-ce qui a été le plus révélateur dans ce chapitre ?

_____

_____

_____

2. Quelle action veux-je entreprendre après avoir lu cette sextion ?

_____

_____

_____

3. De quoi ai-je besoin pour passer à l'action ?

_____

_____

_____

Power Quote
Un esprit fermé est la pire des prisons.

JEUX D'ENFANTS A REDECOUVRIR AVEC VOTRE HOMME

Le conseil du Sexe Coach : passez de bons moments avec votre Homme et rapprochez-vous d'une façon ludique ! Il n'est pas obligatoire d'essayer tous les jeux, mais plus vous en ferez, plus vous verrez que votre Partenaire s'ouvrira à vous. Lancer un pari paraît être une bonne idée car cela lui donnera envie de s'y s'investir pleinement pour gagner. Quels sont les prix ? préparez en deux, un pour lui, l'autre pour vous.

Essayez de garder les mêmes récompenses à chaque fois et, au nom de l'amour et pour pouvoir jouer fréquemment, évitez de les faire trop onéreuses.

Il est temps de jouer…

Power Quote

Si vous voulez avoir de rapports sexuels extraordinaires, cela commence par vous.

Les Secrets que ta Mère ne t'a jamais dits sur les Hommes™

Prenez des Notes.

1. Jouez au Zoo. Mimez des animaux de votre choix et faites l'amour à leur façon. Soyez sauvages, glissants ou élégants selon votre humeur.

_____

_____

_____

_____

_____

2. Organisez une course à trois jambes. Attachez ensemble une de vos jambes chacun et dans cette position, essayez de faire l'amour.

_____

_____

_____

_____

_____

3. Jouez au *jeu de la bouteille*. Dès que la bouteille s'arrête de tourner, la personne désignée par l'embout de la bouteille peut demander n'importe

quelle faveur sexuelle à l'autre.

_____

_____
_____
_____

_____

4. Jouez au *Lorsque la musique s'arrête,* cela implique soit des faveurs sexuelles ou un effeuillage, au choix.

_____

_____
_____
_____

_____

5. Jouez nus au Twister.

_____

_____
_____
_____

_____

6. Jouez au *jeu de Strip-dés*. Tour à tour, lancez deux dés et celui qui a le moins de points, doit enlever un vêtement avec sensualité.

_____

_____

_____

_____

7. Jouez au *Strip Poker*. A la fin de la manche, le gagnant décide quels défis action/vérité le perdant doit exécuter.

_____

_____

_____

_____

Power Quote

Quel bonheur de pouvoir se comporter comme un enfant et penser que rien ne peut vous arrêter.

8. Imitez des statues nues pour voir qui peut tenir le plus longtemps.

_____

_____

_____

_____

_____

9. Mettez-vous nus face à face. Comme reflets dans le miroir, mimez les mouvements de l'autre.

_____

_____

_____

_____

_____

> ***Power Quote***
>
> *Vous êtes entièrement responsable de votre énergie sexuelle.*

Les Secrets que ta Mère ne t'a jamais dits sur les Hommes™

Introspection

1. Qu'est-ce qui a été le plus révélateur dans ce chapitre ?

_____

_____

2. Quelle action veux-je entreprendre après avoir lu cette sextion ?

_____

_____

3. De quoi ai-je besoin pour passer à l'action ?

_____

_____

Power Quote

Un esprit fermé est la pire des prisons.

Les Secrets que ta Mère ne t'a jamais dits sur les Hommes™

SOYEZ UNIQUE, SOYEZ CREATIVE

Comme le titre l'indique, il est temps d'innover au lit. Ceci vous rendra unique parmi toutes ces femmes ennuyeuses et sans imagination. Voulez-vous savoir comment le faire ? C'est en relisant ce livre plusieurs fois et surtout en communiquant avec votre Homme que vous découvrirez ce qui marche vraiment pour vous. Voici quelques sexercises qui vous feront progresser plus vite. Amusez-vous bien !

Prenez des Notes.

Power Quote

Votre vie sexuelle ne sera jamais plus comme avant.

---

1. Trouvez une technique ou une position que vous n'aviez jamais essayée avant et baptisez-la de vos noms.

_____

_____

2. Inventez une technique, une histoire, ou préparez une soirée érotique qui fera jouir votre Homme sans aucun toucher.

_____

_____

_____

3. Faites une liste d'idées sexy que vous lui chuchoterez à l'oreille. Demandez-lui de les évaluer sur une échelle d'un à dix.

_____

_____

_____

4. Invitez votre homme à faire une recherche sur les

techniques sexuelles de cultures différentes et essayez-les ensemble.

_____

_____

_____

_____

_____

5. Imaginez que chaque partie du corps de votre Homme est une pêche toute douce ou bien une mangue juteuse. Prenez votre temps pour le dévorer avec plaisir.

_____

_____

_____

_____

_____

> ***Power Quote***
> *Je ne fais pas sexy. Je suis sexy.*

Les Secrets que ta Mère ne t'a jamais dits sur les Hommes™

Introspection

1. Qu'est-ce qui a été le plus révélateur dans ce chapitre ?

_____

_____

_____

2. Quelle action veux-je entreprendre après avoir lu cette sextion ?

_____

_____

_____

3. De quoi ai-je besoin pour passer à l'action ?

_____

_____

_____

> ### *Power Quote*
> *Un esprit fermé est la pire des prisons.*

LANGAGE DU CORPS, DITES-NOUS CE QUE VOUS VOULEZ

Imaginez que différentes parties de votre corps puissent parler, exprimer leurs émotions, besoins ou préférences. Que diraient-elles ?

1. Si votre vagin pouvait parler, que dirait-il de ce qu'il ressent ?

_____

_____

_____

2. Si son pénis pouvait parler, où voudrait-il être ?

_____

_____

_____

3. Si vos seins pouvaient parler, que demanderaient-ils ?

_____

_____

_____

4. Si vos mains pouvaient parler, que diraient-elles et qu'aimeraient-elles faire ?

_____

_____

_____

5. Quelles parties de vos corps respectifs pourraient se sentir négligées ?

_____

_____

_____

Voulez-vous de l'aide pour débloquer votre corps en vous servant de votre esprit?

J'aimerais que vous m'appeliez, et qu'on en parle.
Mon numéro portable : +(44) 778899 5678

Les Secrets que ta Mère ne t'a jamais dits sur les Hommes™

Introspection

1. Qu'est-ce qui a été le plus révélateur dans ce chapitre ?

_____

_____

_____

2. Quelle action veux-je entreprendre après avoir lu cette sextion ?

_____

_____

_____

3. De quoi ai-je besoin pour passer à l'action ?

_____

_____

_____

Power Quote
Un esprit fermé est la pire des prisons.

Les Secrets que ta Mère ne t'a jamais dits sur les Hommes™

Ceci est une Petite Annonce

Quelle excellente idée d'utiliser une page libre, pour présenter certains de mes travaux. Bien-sûr vous n'êtes pas obligée de le lire mais au cas où cela vous intéresse.

Mon coaching prend plusieurs formes :
Intervention Avec le SuccSex Coach™
The Mind Fuck Bootcamp™ *(2-3 Jours)*
Diner Avec Le SuccSex Coach™
CSI - Cv's Sex Investigation™ *(émission TV/Radio)*
L'enterrement de vie de jeune fille avec le SuccSex Coach™
Cum Sex With Me™ *(séjour Weekend)*
Love Sex Angel™
(Online Sex Programs… disponible prochainement)

De temps à autre, je participe à des conférences ou à des événements dans des entreprises. Leur thématique peut varier de sujets liés au livre ou à d'autres « curiosités » qui permettent d'atteindre des résultats incroyables en stimulant votre esprit. Contactez-moi pour plus de renseignements.
Portable : +(44) 778899 5678
J'adore voyager alors, dès qu'une opportunité se présente, je vais partout dans le monde où il m'est possible d'obtenir un visa de travail. Comme vous vous en doutez, je suis terriblement cher, mais essayez de vous concentrer sur la qualité et *non* pas sur le prix.

Les Secrets que ta Mère ne t'a jamais dits sur les Hommes™

TECHNIQUES DE FELLATION
(ATTENTION, GORGES FRAGILES S'ABSTENIR)

Le membre de votre Homme est une véritable clef de son esprit. Contrairement à votre sexualité qui englobe votre corps tout entier, et possède un aspect aussi bien émotionnel que physique, celle de votre partenaire se concentre uniquement dans cet organe. En le caressant, touchant, mettant dans votre bouche et d'autres parties du corps, non seulement cela lui plaira, mais cela développera aussi un lien émotionnel très profond entre vous. Votre Homme sera toujours partant si vous vous portez volontaire pour tout cela.

Power Quote
Mesdames, ne l'oubliez jamais,
La fellation pour votre Homme est comme un bouquet de fleurs pour vous.

Avant de commencer, pour se mettre à l'aise, je vous conseillerais de prendre tous les deux une douche ou un bain. Quelques semaines plus tard, demandez-lui la permission de laver son pénis avec de l'eau et du savon. Observez son regard et les mouvements de son corps pendant cette toilette.

La gorge profonde

Mesdames, tout d'abord vous devez apprendre les gestes de cette pratique. Il est possible qu'au début, vous soyez intimidée surtout si la taille de son pénis est impressionnante. Tandis que la bonne pratique suggère de commencer petit à petit, centimètre par centimètre, avec le temps vous serez capable de l'enfoncer dans votre gorge presque tout en entier. Ceci ne se fera pas en un jour car vous devez d'abord inhiber votre réflexe nauséeux et pour ce qui vous concerne, Mesdames qui êtes boulimiques, je vous déconseille cette pratique car votre réflexe nauséeux est conditionné dans le sens opposé. Bonne chance si vous voulez le changer. Enfin, une fois que vous avez réussi à l'introduire complètement dans la gorge, vous n'êtes pas obligée de l'y garder longtemps. Vous pouvez recommencer le jeu à nouveau quand vous le souhaitez. Explorez des manières différentes pour créer votre propre style.

Sucer tout

Beaucoup de femmes ont peur de nos testicules. Je ne sais pas quelle en est la raison. Cette zone est pourtant extrêmement sensible donc en l'évitant, il sera probablement très déçu. Si vous craignez l'odeur ou des problèmes d'hygiène, invitez votre Homme à se doucher avant de passer à l'action ou mieux encore, douchez-vous ensemble. Une fois que vous le savez tout propre, vous allez pouvoir le lécher partout et surtout, essayez de mettre ses testicules dans votre bouche, l'une après l'autre, avec douceur. N'oubliez pas que cette zone est hypersensible et la moindre maladresse peut tout gâcher. Il est bon à savoir que le point G masculin est situé sous les testicules, alors si vous stimulez cette zone avec votre langue, votre partenaire ressentira beaucoup de plaisir. Ensuite, si vous en avez envie et que vous en avez déjà discuté avec lui (en particulier si vous ne vous connaissez que depuis peu), vous pouvez même aller jusqu'à l'anus.

Et là, la douche est un préalable indispensable.

Le Moment propice

Je sais, vous allez me dire que c'est très banal. Cela n'empêche que le moment choisi pour une fellation jouera en votre faveur ou contre vous.

En effet, je sais que la majorité d'entre vous s'est déjà masturbée. Imaginez alors que vous voulez vous faire du bien aux toilettes publiques, vite fait, juste avant un entretien ou un événement important. Etes-vous à l'aise ?

A présent, imaginez que vous êtes seule à la maison, allongée sur votre canapé un dimanche après-midi et vous voyez une scène torride à la télévision. Vous vous touchez un peu, puis avec contrôle vous passez à l'action. Vous n'atteignez pas le point culminant tout de suite, vous vous excitez pour y être presque, vous ralentissez et recommencez plusieurs fois jusqu'à la jouissance. Et voilà, c'est la même chose pour la fellation. Il ne s'agit pas de prendre le pénis dans la bouche et agiter la tête, tout cela en quatre secondes.

Vous devez faire durer le plaisir. Caressez-le, subtilement, utilisez vos mains, vos bras, votre corps. Ensuite doucement, mais vraiment doucement, utilisez votre langue pour l'effleurer. Reculez et observez puis après quelques secondes, recommencez. A ce moment-là, son pénis vous désire terriblement et rêve que vous l'enfonciez dans votre bouche entièrement. Son excitation arrive sur le point d'exploser. Ce que vous êtes en train de faire, c'est simplement de le taquiner et vous ne lui donnerez ce qu'il désire qu'au moment où vous le déciderez. Plus vous le retenez son désir, plus son orgasme sera puissant.

Coordination main / bouche

Ici la dextérité vient avec la pratique, regardons-la de près. D'abord, les mains. Une de mes clientes préfère utiliser une main pour caresser les testicules et l'autre pour travailler sur la verge. Quand vous touchez les testicules, soyez extrêmement douce et évitez de les serrer violement sinon, vous risquez de ne plus avoir l'occasion de réessayer. Elle les effleure légèrement de haut en bas avec les faces dorsale et palmaire de sa main. Puis elle les couvre avec la paume de sa main tout en continuant subtilement les caresses. Pendant ce temps-là, l'autre main doit suivre les mouvements de la tête de haut en bas. Elle réussit grâce à la bonne synchronisation de sa main pour qu'elle ne percute pas son visage à chaque mouvement. De temps en temps, elle peut juste laisser sa main faire le travail, ce qui donnera un peu de repos à sa bouche, surtout si elle a pratiqué la gorge profonde. L'avantage est que la main peut exécuter toutes sortes de mouvements rapides,

spécialement de haut en bas, ce que la tête
ne peut pas faire.

Si vous arrivez à bien maitriser ces trois éléments, votre homme sera au septième ciel. Faites-moi confiance !

Cracher ou Avaler ?

Ce sujet est toujours très controversé. Il y aura partout quelques personnes qui insisteront sur l'importance d'avaler et pourtant, la plupart des hommes veulent simplement éjaculer dans votre bouche. Ne vous sentez pas obligée d'avaler et si vous n'aimez pas le goût
du sperme, crachez-le.

En principe, le plus important a été déjà accompli, donc les hommes n'y tiennent pas vraiment. Assurez-vous tout juste, que vous gardez son pénis dans votre bouche suffisamment longtemps pour lui laisser le temps d'éjaculer, dans le cas contraire il sera bien frustré.

Power Quote
Spitters Are Quitters.

Soyez ouverte à des nouvelles idées, cela ne peut que vous être utile. Pendant la rédaction de ce livre, j'ai découvert que les femmes dans l'Antiquité grecque et indienne appliquaient du sperme sur leur visage, la poitrine et leurs cheveux lors de rituels. Les biochimistes peuvent confirmer que la semence masculine est riche en vitamine C, calcium, protéines et d'autres nutriments et ont des propriétés antibiotiques.

Elle donne un effet astringent et laisse la peau propre et très douce. Ce rituel aide les femmes à garder leur jeunesse et leur permet d'absorber de l'énergie masculine pour maintenir leur équilibre psychique. D'après une autre curiosité scientifique, le fait de pratiquer la fellation fait sécréter une hormone qui brûle les graisses.

Prenez des Notes.

_____

_____

_____

_____

AIMERIEZ-VOUS ESSAYER LE BONDAGE ?

Le succès du livre "50 Nuances de Gray" et de son adaptation en film peut susciter quelques questions sur le bondage et la domination dans une relation amoureuse. Certains couples peuvent trouver que c'est un moyen inoffensif d'explorer des émotions que l'on rejette dans la vie quotidienne. En effet, jouer la comédie, peut améliorer votre vie sexuelle et vous permettre de mieux découvrir votre partenaire. Pourtant je dois souligner cela: « la cruauté est interdite. » La personne dominante (en haut) doit s'assurer que son partenaire dominé (en bas) s'amuse pleinement et qu'il n'a pas mal. Comment ça fonctionne pour la personne dominante ? Elle a le droit de faire ce qu'il lui plaît et que l'on exécute tous ses souhaits. Qu'est-ce que ça donne pour la partie soumise ? Elle a une opportunité de renoncer à la responsabilité de l'acte sexuel et sans embarras découvrir des aspects de sa sexualité jamais explorés. Or, cette pratique s'avère être libératrice de complexes et permet d'éliminer l'angoisse de la performance. Très important ! Avant que vous alliez vous mettre à attacher quiconque, vous devez discuter tous les deux des détails et de la durée. Cela ne doit jamais être fait contre le gré de l'un ou l'autre. Utilisez des ficelles souples et faites attention à ne pas bloquer la circulation ou l'oxygène. N'utilisez jamais des nœuds coulants puisqu'ils se resserrent avec le mouvement. Des menottes en fourrure, disponibles dans des sexshops ou en ligne, sont une excellente idée. En cas de besoin, gardez la clef des menottes et des ciseaux à la portée de la main. N'oubliez pas que la réplique : « non, non, non ! » peut faire partie du jeu, c'est pourquoi avant de commencer, mettez-vous d'accord sur le code pour arrêter toute action. A mes clients, je conseille d'utiliser le code de couleurs. Le « vert » tout va bien, le « jaune » signifie qu'ils sont déjà en dehors de leur zone de confort et l'action doit continuer doucement. Le « rouge » termine le jeu immédiatement.

Veuillez noter que si la personne ne peut pas parler, cliquer des doigts ou taper dans les mains peuvent constituer le code non verbal. Une fois que vous avez attaché votre Homme, veillez à ne jamais le laisser tout seul, et demandez la même chose pour vous. Ce jeu est à éviter après avoir un peu trop bu ou bien sous effet de la drogue. De même, les états de colère qui favorisent l'agressivité sont strictement déconseillés. Pour vous donner des idées de sexercises, rendez-vous sur les pages 101 – 107 ? Notez ce que vous aimeriez faire avec votre Homme.

Prenez des Notes.

_____
_____
_____
_____
_____
_____
_____
_____
_____

Introspection

1. Qu'est-ce qui a été le plus révélateur dans ce chapitre ?

_____

_____

2. Quelle action veux-je entreprendre après avoir lu cette sextion ?

_____

_____

3. De quoi ai-je besoin pour passer à l'action ?

_____

_____

Power Quote

Un esprit fermé est la pire des prisons.

APHRODISIAQUES

Afin de comprendre les vertus de certains aliments et leur influence sur nos relations intimes, j'ai fait beaucoup de recherches sur les aphrodisiaques. Profitez-en !

Figues – les Grecs Anciens adoraient organiser des orgies pendant la saison des figues. Elles sont non seulement riches en vitamines, mais visuellement, la chaire rose d'une figue coupée en deux fait penser au vagin.

Chocolat – les qualités aphrodisiaques du chocolat sont incontestables, car il est riche en substances chimiques énergisantes, et plus il contient de cacao, mieux c'est. Il contient de la phényléthylamine et l'anandamide qui provoquent une sensation d'euphorie exactement comme les hormones du bonheur, les endorphines, sécrétées lors d'un rapport sexuel ou une activité physique. Le cacao contient aussi des methylxanthines qui rendent la peau sensible au toucher.

Amandes – ces fruits contiennent les substances nécessaires pour la reproduction et la santé sexuelle telles que : le zinc, le sélénium et le vitamine E. Le sélénium combat l'infertilité et la vitamine E est l'ami de votre cœur. Le zinc est le minéral qui aide la production des hormones masculines et permet d'augmenter la libido. Le flux sanguin est important pour vos organes génitaux, optez pour de bonnes graisses comme les acides gras oméga 3 trouvés dans les amandes.

Gingembre, Ail et Oignon – Devenez l'ami de l'ail, du poireau, de l'oignon, de l'échalotte et de la ciboulette, car ils vont bien faire circuler vos sucs. Les plantes de la famille des alliums vous donneront la vigueur que les médicaments ne peuvent que promettre. Ces légumes contiennent des composants chimiques qui stimulent la circulation sanguine dans la zone génitale en provoquant une sensation d'excitation intense et par conséquent, une meilleure endurance sexuelle pendant l'acte. Une mauvaise haleine ne devrait pas poser de problème… enfin vous serez tellement occupés que personne ne remarquera…

Artichaut – sous l'Antiquité, les Romains croyaient que les artichauts étaient non seulement aphrodisiaques mais aussi qu'ils apportaient la vie éternelle. Ils avaient tort en ce qui concerne l'immortalité mais sans doute, ces légumes ont un impact positif sur les rapports sexuels.

Avocats – C'est une mine de vitamine E, connue pour ses qualités antioxydantes. Ils sont riches en potassium et en vitamine B6 qui peuvent retarder les maladies du cœur et assurent une meilleure circulation sanguine. L'avocat est aussi une source abondante de graisses mono-insaturées, alliées du cœur. En général, tout ce qui est bon pour votre cœur et la circulation sanguine, est bon pour votre santé sexuelle. Les hommes qui souffrent de maladies du cœur sont deux fois plus susceptibles de développer un trouble de l'érection car les deux problèmes résultent de dommages aux artères.

Fraises – Une bonne circulation est la condition du bon fonctionnement sexuel aussi bien chez les femmes que les hommes. C'est une raison de plus pour consommer des fraises dont les antioxydants aident votre cœur et vos artères. De plus, elles sont riches en vitamine C qui, en conjonction avec les antioxydants, augmente le nombre de spermatozoïdes. Si vous essayez de plonger les fruits dans le chocolat noir plein de méthylxanthines, cela peut activer votre libido.

Pastèque – ce fruit d'été est faible en calories mais fort en phytonutriments qui potentiellement stimulent la libido. Une nouvelle recherche indique que le lycopène, la citrulline et le bêta-carotène présents dans les pastèques peuvent aider à détendre les vaisseaux sanguins et améliorer, d'une façon naturelle, votre appétit sexuel.

Graines de tournesol, citrouille et sésame – Le zinc est considéré comme bénéfique pour la santé sexuelle puisqu'il peut influencer la production de testostérone et du sperme chez les hommes. L'huître est un aliment par excellence riche en zinc, mais en mangez-vous souvent? De nouvelles études montrent que les graines sont aussi bénéfiques pour les femmes.

Myrtilles – Oubliez le Viagra. La nature nous a fourni des capsules naturelles de virilité beaucoup plus efficaces. Les myrtilles sont riches en fibres solubles qui aident à éliminer l'excès de cholestérol dans le sang avant qu'il soit absorbé et déposé dans les artères. Les myrtilles ont aussi un effet relaxant sur les vaisseaux sanguins ce qui améliore la circulation.

Pour obtenir le maximum d'effet, il faut consommer une portion de myrtilles au moins trois ou quatre fois par semaine. Les recherches démontrent également que les myrtilles donnent un goût de sucré au sperme.

Prenez des Notes.

_____
_____
_____
_____
_____
_____
_____
_____
_____
_____
_____

Power Quote

Ceci n'est pas un régime. Il s'agit de manger sexy.

Introspection

1. Qu'est-ce qui a été le plus révélateur dans ce chapitre ?

_____

_____

2. Quelle action veux-je entreprendre après avoir lu cette sextion ?

_____

_____

3. De quoi ai-je besoin pour passer à l'action ?

_____

_____

Power Quote

Un esprit fermé est la pire des prisons.

Les Secrets que ta Mère ne t'a jamais dits sur les Hommes™

COMPRENDRE SES FANTASMES

Pour être honnête avec vous, je n'avais pas prévu de consacrer un chapitre à ce sujet mais ma clientèle féminine insistait sur le fait qu'il serait intéressant de lire ce qui fait fantasmer les hommes. Désolé les gars, mais en fait ce chapitre peut s'avérer assez bénéfique pour vous. Alors s'il y a une chose qui fait rêver votre copain ou votre mari, c'est….

Attention :
Vous ne voulez peut-être pas savoir…
Mais si vous êtes curieuse, continuez la lecture.

Le seul objet de fantasmes de tout homme, ce sont les autres femmes. Vous pouvez être belle, fantastique au lit et nous pouvons vous aimer fort, cela ne change rien, ce sont les autres qui nous feront rêver.

Nous allons fantasmer sur nos ex, une camarade d'école à qui nous n'avons jamais osé demander de rendez-vous, notre collègue de travail qui est plutôt mignonne, une actrice célèbre ou bien la caissière du supermarché. En gros, nous allons sûrement fantasmer sur chaque belle femme que nous avons vue ou dont nous nous souvenons. Mais avant que vous vous sentiez en danger, il est important que vous compreniez que les fantasmes ne sont que cela, juste des fantasmes. Même si nous n'avons jamais pensé à vous tromper nous allons rêver d'autres femmes. Or ceci ne veut pas dire que nous avons réellement envie de coucher avec une autre femme, mais nous aimons jouer avec cette idée. Votre homme va probablement me haïr pour vous avoir raconté ça…mais c'est bien vrai. Je veux partager avec vous ma propre expérience et celle de mes clients. Voici quelques fantasmes qui sont assez communs.

Power Quote

Notre fantasme ce sont les autres femmes. Nous n'y pouvons rien, c'est comme ça !!

Afin de mieux comprendre votre Homme, posez-vous la

question suivante : "Suis-je prête à réaliser certains de ses fantasmes ?

Prenez des Notes.

<u>Des tenues sexy</u>

Voici quelques tenues sexy qui allument l'imagination masculine : une infirmière, une écolière, une agent de police ou encore une hôtesse de l'air. La plupart du temps, les hommes ne s'intéressent pas vraiment à la haute couture, mais il suffit d'un assortiment de vêtements bien choisis pour les exciter. Vous pourrez le découvrir en lui posant simplement la question. N'ayez aucune crainte, il sera ravi de vous répondre.

Avez-vous une expérience similaire ou envie de le faire ?

_____

_____

_____

_____

_____

Triangle amoureux

Un triangle amoureux peut signifier un trio qui fait l'amour (option la plus répandue) ou bien trois versions plus romantiques ou platoniques de vivre une relation. Un plan à trois est un fantasme très commun : les hommes rêvent de faire l'amour avec plusieurs femmes en même temps.

En effet, chaque homme hétérosexuel en aura envie à de très nombreuses occasions. Même si dans la réalité, ça ne marcherait pas aussi bien que virtuellement, dans sa tête, cette image est hors concurrence.

Est-ce quelque chose qui vous a déjà fait fantasmer ?

Seriez-vous prête à le faire avec votre homme ?

_____

_____

_____

_____

Se montrer quand on fait l'amour

Le fait de combiner un tabou et l'intervention de tiers en fait un fantasme très excitant pour certains hommes. En ce qui concerne le sexe, le fruit défendu est toujours très attirant et cela devient encore plus irrésistible lorsqu'ils peuvent prouver publiquement leurs prouesses sexuelles. Avez-vous déjà essayé de laisser vos rideaux ouverts afin que tout le monde puisse vous voir ? Ou peut-être lors d'une fête chez des amis, vous faîtes l'amour dans une petite chambre… et soudain quelqu'un y entre mais vous continuez.

Avez-vous d'autres idées ?

_____

_____

_____

_____

Une différence d'âge

Il s'agit parfois d'une sorte de nostalgie, d'un désir du fruit défendu ou bien d'une question de goût et nous allons l'essayer une ou plusieurs fois dans la vie. Dans tous les cas, les hommes fantasment fréquemment sur des femmes d'âge radicalement opposé au leur. Un adolescent rêvera d'avoir une femme dans la quarantaine, un homme dans la cinquantaine fantasme sur une «jeunette» et ainsi de suite. Une question pour vous : " est-ce que j'aurais envie d'être avec un homme plus jeune / âgé que moi de 20 ans ? "

_____

_____

_____

_____

Descendre dans le Sud

Concernant l'acte proprement dit, un des fantasmes les plus répandus est le cunnilingus. L'idée de donner du plaisir à une femme et de stimuler en même temps plusieurs sens tels que l'odorat et le goût rend ce fantasme extrêmement excitant. De ma propre expérience, je sais que la plupart de vous ne l'aime pas. Si les femmes aiment

faire une fellation, c'est pour se sentir en charge, sinon c'est le résultat d'une mauvaise expérience passée qui l'en a découragée.
Si vous aimez le cunnilingus ou si vous avez envie d'essayer, dîtes-lui.

_____

_____

_____

_____

Changement de paysage

"Le lieu, le lieu, le lieu" cela aurait pu être le slogan publicitaire d'une agence immobilière, mais il s'agit plutôt d'un bon critère pour réveiller l'imagination de beaucoup d'hommes. Peu importe si c'est une plage la nuit, le coffre de la voiture, un parc ensoleillé en été ou la cuisine. Un rapport sexuel dans des endroits spécifiques peut être un des fantasmes les plus excitants pour eux.
Nommez quelques endroits où vous voudriez être avec lui.

Regarder un film porno

Ce fantasme ne fera que confirmer la règle, les hommes sont davantage visuels. Regarder une femme se masturber, ou un couple en train de faire l'amour, sont les fantasmes masculins les plus répandus. Et la popularité de la pornographie en est une preuve de plus. Néanmoins, beaucoup de femmes appréhendent que leur corps ne soit pas aussi sensuel que celui sur l'écran. Pour voir sa réaction, proposez à votre homme de regarder ensemble un film pornographique. Aurez-vous le courage de lui faire une telle proposition ou cela vous paraît-il trop osé ?

Les Secrets que ta Mère ne t'a jamais dits sur les Hommes™

Laisser le contrôle

En matière de relations sexuelles, on attend souvent des hommes qu'ils prennent l'initiative, pourtant cela ne devrait pas vous choquer d'apprendre que le fantasme de beaucoup d'hommes serait de faire exactement l'inverse : d'abandonner ce pouvoir aux femmes. Dans ce cas, cela peut impliquer qu'il souhaiterait être attaché au lit, dominé ou tout simplement que vous lui disiez ce qu'il doit faire.

Voulez-vous prendre le contrôle ? Si votre réponse est affirmative, discutez-en en détails.

_____

_____

_____

_____

Aimez-vous mon livre ?

Suivez-moi sur Instagram.
Voici mon compte : @CvPillay #CvPillay

" Le manuel du sexe extraordinaire "

A essayer

Avant d'aller vous confronter à votre homme, écoutez mon conseil. Même si les fantasmes décrits ci-dessus sont des plus communs, chaque homme est différent. La meilleure façon d'en découvrir plus sur ses fantasmes est de lui demander directement plutôt que de chercher à les deviner car des hypothèses ou des articles trouvés au hasard sur internet risquent de fausser votre perception sans donner une réponse exacte. Et rappelez-vous, il vaut mieux laisser certains fantasmes inassouvis.

_____
_____
_____
_____
_____

Power Quote

Si tu ne demandes pas, tu ne sauras jamais
Si oui, tu sauras toujours si cela te convient.

Les Secrets que ta Mère ne t'a jamais dits sur les Hommes™

Quatre de vos fantasmes :

1._____

_____

_____

2._____

_____

_____

3._____

_____

_____

4._____

_____

_____

Power Quote

La confiance est le meilleur des lubrifiants pour le sexe.

Les Secrets que ta Mère ne t'a jamais dits sur les Hommes™

Ses quatre fantasmes :

1._____

_____

_____

2._____

_____

_____

3._____

_____

_____

4._____

_____

_____

Appréciez-vous ce livre ?
Envoyez-moi via WhatsApp une photo de vous avec le livre à la main.
Voici mon numéro : +(44) 778899 5678

Introspection

1. Qu'est-ce qui a été le plus révélateur dans ce chapitre ?

_____

_____

_____

2. Quelle action veux-je entreprendre après avoir lu cette sextion ?

_____

_____

_____

3. De quoi ai-je besoin pour passer à l'action ?

_____

_____

_____

Power Quote
Un esprit fermé est la pire des prisons

JOUER OU NE PAS JOUER A UN JEU DE RÔLES ? TELLE EST LA QUESTION

Souvenez-vous des heures passées à jouer lorsque vous étiez enfant ? Toutes ces histoires que vous avez créées grâce à votre imagination ? Malheureusement, à l'âge adulte, vous êtes devenue plus inhibée et moins créative. Les idées suivantes vous permettront de vous amuser à vous lâcher un peu, oser ou être quelqu'un d'autre et en même temps, vous pousser dans vos retranchements sexuels. Voici quelques scénarios que j'ai concoctés pour votre amusement. Bon jeu.

Prenez des Notes.

Power Quote

Ne cherche pas à voir le changement au lit,
Sois toi-même ce changement.

Le Sexe Coach et le Client

Jouez à pile ou face pour savoir qui aura le rôle du Client. Scénario : Le Sexe Coach doit se retirer afin de répondre à l'appel du client. Le Client cherche à savoir comment il peut satisfaire sa partenaire (vous).

Le sexe Coach se met à décrire en détails quelques techniques (tout ce qui vous plairait). Pour que le jeu soit efficace, le Client doit noter tout ce qui a été dit et poser des questions s'il a besoin de précisions.

_____
_____
_____
_____
_____
_____
_____
_____

Le Maître / la Maîtresse et l'esclave

Jouez à pile ou face pour déterminer qui fera l'esclave. Scénario : une fois la répartition des rôles faite, l'Esclave doit exécuter toute chose ordonnée par son maître/sa maîtresse sans poser de questions. Pour que ça marche, une seule chose doit être demandée à la fois (utilisez un chronomètre ou un mot de passe) pour que si cela devient trop difficile pour l'Esclave, il puisse arrêter le jeu. Vous pouvez aussi inverser les rôles, afin de donner à chacun l'occasion d'être l'esclave. Après tout, vous vous aimez.

_____
_____
_____
_____
_____

Power Quote
Je t'aime et tu le sais.

Les Secrets que ta Mère ne t'a jamais dits sur les Hommes™

Le Barman / la Barmaid et le/la Client(e)

Jouez à pile ou face pour savoir qui fera le Barman ou la Barmaid.

Scénario : Assis au bar, le client commande à boire. Il n'a pas d'argent mais il a fini son verre. Qu'est-ce que le barman/barmaid va faire dans ce cas ? Cela fait longtemps qu'il/elle est célibataire et n'a pas fait l'amour. De plus, le client est à son goût ! Proposez-vous de payer votre verre avec le XXX ou bien avez-vous d'autres idées ?

———————————————
———————————————
———————————————
———————————————
———————————————
———————————————

> ### *Power Quote*
> *Crois-moi, investis dans ta relation intime, tu peux te le permettre.*

Téléphone rose et un interlocuteur

Jouez à pile ou face pour savoir qui fera l'interlocuteur. Scénario : L'interlocuteur se retire pour appeler le téléphone rose. Il demande une histoire pimentée qui l'excite. L'agent décrit soigneusement et dans tous les détails comment le client va être amené à la jouissance. Pour que le jeu soit une grande réussite, l'interlocuteur doit d'abord partager un fantasme sexuel qu'il aimerait entendre.

_____

_____

_____

_____

_____

_____

Power Quote
Penser sexy et l'être.

Le Directeur / La Directrice et l'étudiant(e)

Jouez à pile ou face pour savoir qui sera le directeur/la directrice.

Option 1 : Une directrice sévère punit un vilain écolier pour son mauvais comportement. Elle l'oblige à écrire des phrases coquines et de les lire à haute voix. Il est possible qu'elle vous donne une tape, soyez un homme et l'acceptez avec dignité.

Option 2 : Une écolière en mini jupe refuse de se conformer aux normes des uniformes scolaires. Elle est envoyée chez le directeur qui la met sur ses genoux pour lui donner une fessée.

_____
_____
_____
_____
_____
_____

Gendarme et voleur

Jouez à pile ou face pour savoir qui fera le bandit.

Option 1 : Pendant une tentative de cambriolage, vous vous faites attraper en flagrant délit (le sac et le masque sont en option) par un agent de police très sexy (un uniforme policier même minimaliste est obligatoire). Afin que vous ne vous évadiez pas, il vous a bandé les yeux et, avec ses menottes, vous a attachée à une chaise ou un lit et débute l'interrogatoire. Ensuite, il se met à vous taquiner et vous exciter en chuchotant à l'oreille ce qu'il vous fera, où il vous touchera pendant que vous, le bandit, vous êtes complètement désarmée.

Option 2 : changez de rôle: le voleur est en fait un agent de police infiltré. A vous maintenant de vous amuser et de prendre votre revanche sur le policier coquin.

Introspection

1. Qu'est-ce qui a été le plus révélateur dans ce chapitre ?

_____

_____

2. Quelle action veux-je entreprendre après avoir lu cette sextion ?

_____

_____

3. De quoi ai-je besoin pour passer à l'action ?

_____

_____

_____

Power Quote
Un esprit fermé est la pire des prisons.

Les Secrets que ta Mère ne t'a jamais dits sur les Hommes™

QUESTIONS / RÉPONSES !

Lisez les énoncés suivants et répondez par *Oui* ou par *Non*, et *Pourquoi* ?

Ici, il n'y a pas de mauvaises réponses.

L'objectif de ce jeu est de revoir vos idées sur la sexualité et de les comparer avec celles de votre Homme.

En mettant les réponses par écrit, vos idées deviennent réelles et plus compréhensibles pour vous deux.

Si vous êtes célibataire, vous pouvez faire cette session toute seule devant le miroir.

Power Quote

Tu ne peux vraiment mentir qu'à toi-même.

Votre tour

1. Je suis indifférente à la vue de mon corps tout nu.

2. Le sexe sans amour ne me procure aucun plaisir.

3. Il en faut beaucoup pour m'exciter sexuellement.

4. Je pense au sexe plusieurs fois par jour.

5. Cela m'excite à l'idée de participer à une orgie.

_____

_____

_____

6. Il m'arrive parfois d'avoir un sentiment de culpabilité après le sexe.

_____

_____

_____

7. J'ai eu quelques mauvaises expériences sexuelles.

_____

_____

_____

Les Secrets que ta Mère ne t'a jamais dits sur les Hommes™

8. Cela m'excite de regarder un film pornographique.

_____

_____

_____

_____

> ***Power Quote***
>
> *Tu ne peux vraiment mentir qu'à toi-même.*

Au tour de votre Homme

1. Je suis indifférent à la vue de mon corps tout nu.

_____

_____

_____

_____

2. Le sexe sans amour ne me procure aucun plaisir.

_____

_____

3. Il en faut beaucoup pour m'exciter sexuellement.

_____
_____
_____
_____

4. Je pense au sexe plusieurs fois par jour.

_____
_____
_____
_____

5. Cela m'excite à l'idée de participer à une orgie.

_____
_____
_____
_____

6. Il m'arrive parfois d'avoir un sentiment de culpabilité après le sexe.

_____

_____

_____

_____

7. J'ai eu quelques mauvaises expériences sexuelles.

_____

_____

_____

_____

8. Cela m'excite de regarder un film pornographique.

_____

_____

_____

_____

Voulez-vous disposer d'une énergie sexuelle inépuisable?
Des pages cachées sont disponibles à la demande, contactez-moi par e-mail :
ShareWithMe@c4v.co.uk

Introspection

1. Qu'est-ce qui a été le plus révélateur dans ce chapitre ?

_____

_____

_____

2. Quelle action veux-je entreprendre après avoir lu cette sextion ?

_____

_____

_____

3. De quoi ai-je besoin pour passer à l'action ?

_____

_____

_____

Power Quote

Un esprit fermé est la pire des prisons.

LES RIDEAUX SE FERMENT…

Nous sommes arrivés à la fin de notre voyage dans *Les Secrets que ta Mère ne t'a jamais dits sur les Hommes*™. J'espère que vous avez trouvé ce livre intéressant et que les *sexercises* proposés vous ont été utiles.

Je souhaite travailler avec vous afin de vous aider à surmonter les difficultés que vous êtes susceptible de rencontrer.

Je vous invite à réserver une demi-journée de SuccSex Coaching Intensive ou si vous avez l'esprit d'aventure, de partir avec moi pour un week-end insolite. Choisissez la destination et faites-moi savoir :

+(44) 778899 5678

Une fois de plus, permettez-moi de remercier tous ceux qui m'ont aidé à publier ce livre et surtout VOUS remercier de l'avoir lu.

Cv Pillay

Le 31 Mai 2016, Londres *(Première Version)*

Les Secrets que ta Mère ne t'a jamais dits sur les Hommes™

POWER QUOTES

Le temps est venu pour revoir mes *Power Quotes* disséminées dans le livre. N'hésitez pas à les partager sur les réseaux sociaux que vous utilisez en ajoutant *#CvPillay* à côté.
Les numéros de pages vous aideront à retrouver la sextion si vous avez envie de la relire.

Page 4
Il vous est impossible de changer votre passé, mais...
Vous pouvez changer votre avenir.

Page 5
Nos chemins ne se sont pas croisés en vain

Page 10
Ne pas finir ce que l'on a commencé
C'est comme ouvrir un préservatif et ne pas le mettre.

Page 14
Une victoire sans action, ne donne pas de fruit.

Page 16
Votre vie sexuelle dépend de vos propres choix
Et de ce que vous appréciez le plus.

Page 19
Une relation sans sexe est comme une voiture sans roues.
Personne ne va avancer.

Page 117
" Le manuel du sexe extraordinaire"

Page 22
Ne regardez jamais votre Homme de haut
A moins qu'il se trouve entre vos jambes.

Page 22
Si la vie était une course :
Si tu me dis comment conduire la mienne,
Je pourrais un jour quitter la tienne.

Page 25
Laisser à une autre femme une opportunité de coucher avec votre Homme, c'est la plus grande de vos erreurs.

Page 27
Le fait de nier d'avoir commis des erreurs,
Est déjà la première d'entre elles.

Page 29
Changez votre façon de penser…
Cela va changer votre énergie sexuelle.

Page 30
Le plus grand des chefs d'œuvre de la Nature et de l'Univers est le sexe.

Page 32
Là où il y a de l'énergie, il y a de la réussite.

Page 33
Votre Homme veut tout faire pour vous plaire.

Page 118
" Le manuel du sexe extraordinaire "

Page 34
Treat me right and you will see the light,
Treat me wrong and you will be gone.

Pages 35, 55, 60, 64, 67, 80, 87, 100, 108, 115
Un esprit fermé est la pire des prisons.

Page 40
Personne ne peut nous mettre en colère contre notre gré.
C'est nous-mêmes qui la choisissons comme une réponse.

Page 44
Si vous voulez de la nouveauté, il faut innover.

Page 45
Si votre vie sexuelle est importante pour vous …
Vous trouverez un moyen, si non,
Vous trouverez une Excuse.

Page 47
Personne ne peut vous rendre victorieuse que vous-même.

Page 50
Partager est le nouveau sexy.

Page 52
Votre attention est le plus précieux des cadeaux que vous puissiez offrir à votre vie sexuelle.

Page 53
Kâma-Sûtra c'est quand le sort s'en mêle pour une partie de jambe en l'air très créative.

Page 119
" Le manuel du sexe extraordinaire"

Page 55
Si vous voulez avoir de rapports sexuels extraordinaires, cela commence par vous.

Page 58
Quel bonheur de pouvoir se comporter comme un enfant et penser que rien ne peut vous arrêter.

Page 59
Vous êtes entièrement responsable de votre énergie sexuelle.

Page 61
Votre vie sexuelle ne sera jamais plus comme avant.

Page 63
Je ne fais pas sexy. Je suis sexy.

Page 69
Mesdames, ne l'oubliez jamais,
La fellation pour votre Homme est comme un bouquet de fleurs pour vous.

Page 75
Spitters Are Quitters

Page 86
Ceci n'est pas un régime. Il s'agit de manger sexy.

Page 89
Notre fantasme ce sont les autres femmes. Nous n'y pouvons rien, c'est comme ça !!

Page 120
" Le manuel du sexe extraordinaire"

Page 97
Si tu ne demandes pas, tu ne sauras jamais
Si oui, tu sauras toujours si cela te convient.

Page 98
La confiance est le meilleur des lubrifiants pour le sexe.

Page 101
Ne cherche pas à voir le changement au lit,
Sois toi-même ce changement.

Page 103
Je t'aime et tu le sais.

Page 104
Crois-moi, investis dans ta relation intime,
tu peux te le permettre.

Page 105
Penser sexy et l'être.

Page 109, 112
Tu ne peux vraiment mentir qu'à toi-même.

Page 124
Vis aujourd'hui comme si c'était le dernier jour de ta vie…
Mais paie-moi d'abord et utilise un préservatif,
Au cas où ce n'est pas le dernier!

Power Quote

Ton succès dépend de ce que tu es train de faire.

Page 121
" Le manuel du sexe extraordinaire"

PARTAGER EST SEXY

Si vous avez aimé ce livre, j'aimerais vous demander de bien vouloir en parler autour de vous. Je suis certain que vous avez des amis et des connaissances qui pourraient être intéressés. Je vous invite également à partager vos opinions sur les réseaux sociaux que vous utilisez : Facebook, Twitter, Instagram, Google, etc. Signez votre exemplaire et laissez-le en évidence, il peut s'avérer un excellent prétexte pour entamer une conversation avec vos collègues, amis, etc.

Si vous avez des contacts dans les médias, parlez-leur de ce livre. Cela peut être une source d'inspiration pour leur article de presse ou un scénario de film, on ne sait jamais !

(Je suis à votre disposition, si vous avez besoin d'en discuter davantage). De même, si vous travaillez pour un magazine ou dans un service de relation presse, j'aimerais beaucoup lire votre critique sur mon livre.

Voici mes coordonnées :

Les Secrets que ta Mère ne t'a jamais dits sur les Hommes™

Twitter: Cvc4v #CvPillay

Skype: C4v.ltd

Instagram: CvPillay

Facebook: cv.co.uk

Google : +CvPillay

En guise de rappel, voici quelques bénéfices de mon SuccSex Coaching :

- ♦ Atteindre une performance de pointe
- ♦ Maximiser votre potentiel
- ♦ Fixer vos objectifs / Passer à l'action
- ♦ Atteindre une clarté de penser
- ♦ Surmonter la procrastination
- ♦ Equilibrer le travail / la vie / le sexe
- ♦ Développer votre carrière / Améliorer les finances
- ♦ Aider vos rencontres / votre vie sentimentale
- ♦ Regagner la confiance en soi / Changer vos croyances sur le sexe
- ♦ Augmenter la motivation / le niveau d'énergie

" Le manuel du sexe extraordinaire"

Les Secrets que ta Mère ne t'a jamais dits sur les Hommes™

♦ Guider votre développement personnel
♦ Développer vos centres d'intérêts/vos Passions
♦ Réduire le stress
♦ Améliorer votre santé / votre bien-être
♦ Perdre / Prendre du poids
♦ Rompre avec les dépendances / Mauvaises habitudes
♦ Gérer le temps
♦ Développer des moyens de communication
♦ Créer le coaching pour votre Start-up
♦ Etre un bon leader
♦ Améliorer vos techniques de conversation
♦ Maitriser votre langage du corps
♦ Prendre la parole au public
♦ Avoir une vie sexuelle réussie

Power Quote

Vis aujourd'hui comme si c'était le dernier jour de ta vie... Mais paie-moi d'abord et utilise un préservatif, Au cas où ce n'est pas le dernier!

Les Secrets que ta Mère ne t'a jamais dits sur les Hommes™

MERCI !

☺

Cv Pillay

SuccSex Guru™ de Célébrités
Auteur de bestsellers couronné par
" The What Women Want to Know Authority"
Conférencier International en motivation
Finaliste du concours de l'Entrepreneur
de l'Année 2015
Scénariste

Power Quote

Nos chemins ne se sont pas croisés en vain.

Introspection

1. Qu'est-ce qui a été le plus révélateur dans ce livre?

_____

_____

_____

2. Quelle action veux-je entreprendre après l'avoir lu ?

_____

_____

_____

3. De quoi ai-je besoin pour passer à l'action ?

_____

_____

_____

Power Quote
Un esprit fermé est la pire des prisons.

Avis des lecteurs

~ Nik ~ A lire absolument!
'J'ai lu le livre d'une traite d'un bout à l'autre et je ne voulais pas le mettre de côté. Une fois rentrée à la maison, mon mari ne savait plus ce que se passait ! Cv vous fait confronter à de nouvelles idées pour les ensuite assimiler. C'est vrai, je traitais mon mari comme un enfant et je me conduisais comme sa mère. C'est vrai que j'ai pris le pouvoir et je voulais qu'il soit mon homme. Mesdames, je dois vous dire, ça ne marche pas comme ça. Nous sommes mariés depuis 18 ans et le feu s'est éteint petit à petit. Retrouvez la joie et cet étincelle qui vous permettra de lâcher-prise ! après avoir lu le livre, j'ai eu le meilleur sexe depuis des années et j'envisage d'en profiter davantage ! Certainement vous allez regagner le sourire… et lui aussi '

~Anonyme ~ Beaucoup plus qu'un livre sur le sexe...
'J'étais réticente pour lire ce livre en me disant, ça va être encore la même chose. J'avais tort. Ce livre contient bien d'informations que chaque femme devrait savoir sur les hommes. Dans l'ensemble du texte, remplacez l'homme par l'argent, la santé, le temps, ou tout ce que vous voulez avoir, et le livre prendra une autre dimension.

~ Anonyme ~ Acquérir de nouvelles compétences et se débarrasser des mauvaises habitudes !

'Dans ce livre, Cv Pillay dévoile la façon dont les hommes voient le sexe et les relations. Je me suis rendu compte de mon comportement. Aussi, j'étais surprise d'apprendre que tous les hommes regardent une autre femme. De plus, je dois avouer que ma propre mère ne m'a pas donné des conseils comment faire pour avoir de bons rapports sexuels, donc il vaut mieux les accepter de la part d'un Sexe Coach. Grace à ce livre on peut apprendre de nouvelles compétences et se débarrasser de mauvaises habitudes afin de changer et améliorer votre relation soit de se préparer pour une nouvelle, bien meilleure. Les exercices sont très puissants, les pensées deviennent la réalité en les mettant simplement par écrit. Ce livre est un bon investissement, je le recommande fortement.'

~Anonyme~ Un livre extraordinaire!
Wow ! le livre se lit si facilement qu'il est difficile de le mettre de cote ! Il est amusant et stimulant en même temps, il te fera sortir de ta zone de confort.
Tu dois faire exactement ce qu'il dit ! Cv est un génie en ce qui concerne le sexe.

J'aimerais lire votre commentaire !
Tapez « Cv Pillay » dans la barre de recherche sur www.amazon.fr
Ouvrez le profil du livre et laissez votre commentaire, s'il vous plait.

MERCI

Les Secrets que ta Mère ne t'a jamais dits sur les Hommes™

NOTES

Les Secrets que ta Mère ne t'a jamais dits sur les Hommes™

NOTES

www.ingramcontent.com/pod-product-compliance
Lightning Source LLC
Chambersburg PA
CBHW061417300426
44114CB00015B/1973